Αυτό το βιβλίο
ανήκει στου...

Γιάννη

Αγαπητοί γονείς,

Ακολουθήστε μαζί με τα παιδιά σας τον Μπάρνυ, την Μπέιμπυ Μποπ και τον Μπι Τζέι σε μια συναρπαστική, διαστημική περιπέτεια! Καθώς θα διαβάζετε αυτό το βιβλίο με το παιδί σας, μπορείτε να συζητήσετε όσα αξιοπερίεργα βλέπουν ο Μπάρνυ και η παρέα του στον πλανήτη της νέας φίλης τους. Ακόμα, συζητήστε με τα παιδιά πόσο όμορφα νιώθει κανείς όταν δημιουργεί νέες φιλίες.

Πιστεύουμε ότι τα βιβλία είναι τα πολυτιμότερα δώρα, διότι βοηθούν τα παιδιά ν' αγαπήσουν το διάβασμα. Ελπίζουμε ν' απολαύσετε την περιπέτεια του Μπάρνυ και των φίλων του, που ετοιμάζονται να εκτοξευτούν στο Διάστημα!

Mary Ann Dudko, Ph.D.
Margie Larsen, M.Ed.
Εκπαιδευτικοί ειδικευμένοι σε παιδιά προσχολικής ηλικίας

ΤΙΤΛΟΣ ΠΡΩΤΟΤΥΠΟΥ: Barney's Outer Space Adventure

Κείμενα: Mark S. Bernthal • Εικονογράφηση: Robert Alvord

Published by Costas A. Giannikos for Modern Times S.A., 1 G. Papandreou Str., 166 73 Athens, Greece.

ΓΙΑ ΤΗΝ ΕΛΛΗΝΙΚΗ ΕΚΔΟΣΗ © 2000 MODERN TIMES A.E.E.• ISBN: 960-539-863-X • ΣΕΠΤΕΜΒΡΙΟΣ 2000 • ΕΚΔΟΤΗΣ: ΚΩΣΤΑΣ ΓΙΑΝΝΙΚΟΣ • Η ΕΛΛΗΝΙΚΗ ΕΚΔΟΣΗ ΤΟΥ BARNEY ΕΚΔΙΔΕΤΑΙ ΑΠΟ ΤΗΝ MODERN TIMES A.E.E. ΚΑΤΟΠΙΝ ΑΠΟΚΛΕΙΣΤΙΚΗΣ ΑΔΕΙΑΣ ΤΗΣ LYRICK PUBLISHING • ΔΗΜΙΟΥΡΓΙΚΟ: ΝΑΤΑΣΣΑ ΧΑΡΑΛΑΜΠΙΔΗ • ΜΕΤΑΦΡΑΣΗ ΚΑΙ ΑΠΟΔΟΣΗ ΣΤΗΝ ΕΛΛΗΝΙΚΗ ΓΛΩΣΣΑ: ΤΑΤΙΑΝΑ ΓΑΛΑΤΟΥΛΑ • ΔΙΟΡΘΩΣΗ ΚΕΙΜΕΝΩΝ: ΜΑΡΙΑ ΠΑΝΑΓΟΠΟΥΛΟΥ, ΧΡΥΣΟΥΛΑ ΤΣΙΡΟΥΚΗ • ΥΠΕΥΘΥΝΟΣ ΠΑΡΑΓΩΓΗΣ: ΛΙΝΟΣ ΚΑΜΣΗΣ • ΠΑΡΑΓΩΓΗ: ΣΠΥΡΟΣ ΚΑΜΣΗΣ, ΠΑΝΑΓΙΩΤΗΣ ΒΕΝΤΟΥΡΑΣ • ΔΙΑΧΩΡΙΣΜΟΙ-ΕΚΤΥΠΩΣΗ-ΒΙΒΛΙΟΔΕΣΙΑ: ΤΥΠΟΕΚΔΟΤΙΚΗ Α.Ε. • ΑΠΑΓΟΡΕΥΕΤΑΙ Η ΜΕ ΚΑΘΕ ΤΡΟΠΟ, ΜΕΡΙΚΗ Ή ΟΛΙΚΗ, ΑΝΑΔΗΜΟΣΙΕΥΣΗ Ή ΑΝΑΠΑΡΑΓΩΓΗ ΤΩΝ ΠΕΡΙΕΧΟΜΕΝΩΝ ΤΟΥ ΠΑΡΟΝΤΟΣ ΒΙΒΛΙΟΥ.
ΕΚΔΟΣΗ ΤΗΣ MODERN TIMES A.E.E. Γ. ΠΑΠΑΝΔΡΕΟΥ 1, ΒΟΥΛΑ, 166 73 ΑΘΗΝΑ, ΤΗΛ.: 96 59 904-5, FAX: 8992101.

Barney™

Ο Μπάρνυ™ στο Διάστημα

Κείμενα: Mark S. Bernthal

Εικονογράφηση: Robert Alvord

Μια όμορφη νύχτα ο Μπάρνυ, ο Μπι Τζέι και η Μπέιμπυ Μποπ κοιτάζουν τ' αστέρια με το τηλεσκόπιο. Ξαφνικά, η Μπέιμπυ Μποπ φωνάζει ενθουσιασμένη: «Κοίτα, Μπάρνυ!»

«Είναι ένα κοριτσάκι από άλλο πλανήτη. Μας κοιτάζει με το δικό της τηλεσκόπιο!» λέει έκπληκτος ο Μπάρνυ. «Μακάρι να μπορούσαμε να την επισκεφτούμε στον πλανήτη της», λέει ο Μπι Τζέι.

Ξαφνικά, ο μικρός πύραυλος που κρατούσε ο Μπι Τζέι στα χέρια του άρχισε να μεγαλώνει, να μεγαλώνει, να μεγαλώνει...
«Ελάτε! Ας ανεβούμε στον πύραυλό μας!» λέει ο Μπάρνυ.

10, 9, 8, 7, 6, 5, 4, 3, 2, 1... Φύγαμε!
Ο πύραυλος εκτοξεύεται στο Διάστημα και ταξιδεύει για τον πλανήτη της φίλης τους!

«Κοιτάξτε! Μια αγελάδα πετάει πάνω από το φεγγάρι!» φωνάζει η Μπέιμπυ Μποπ. «Κι εκεί είναι ένας αστροναύτης!» λέει ενθουσιασμένος ο Μπι Τζέι.

«Καλώς ήρθατε στον πλανήτη Τούμα!» φωνάζει ενθουσιασμένο το κοριτσάκι. «Με λένε Μήμπι!»
«Γεια σου! Εγώ είμαι ο Μπάρνυ και αυτοί είναι οι φίλοι μου, ο Μπι Τζέι κι η Μπέιμπυ Μποπ!»
«Όλοι στον πλανήτη σας είναι μοβ και πράσινοι σαν εσένα, Μπάρνυ;» ρωτάει η Μήμπι γελώντας.
«Όχι! Ο Μπάρνυ είναι κάπως... διαφορετικός!» απαντάει ο Μπι Τζέι.

Ύστερα η Μήμπι τους ξεναγεί στον πλανήτη της.
«Όταν το φως πέφτει πάνω στα διαμαντένια βουνά, τότε εμφανίζονται παντού ουράνια τόξα», λέει η Μήμπι.
«Τι όμορφα που είναι!» φωνάζει ενθουσιασμένη η Μπέιμπυ Μποπ.

Μετά πηγαίνουν στη Φραουλοθάλασσα.
«Είναι ένας ολόκληρος ωκεανός από γρανίτα φράουλα», λέει η Μήμπι.
«Κολυμπάτε εδώ;» ρωτάει ο Μπι Τζέι.
«Φυσικά κολυμπάμε και τρώμε!» απαντάει η Μήμπι γελώντας.

«Ελάτε τώρα να σας δείξω και κάτι πραγματικά... ξεκαρδιστικό. Στον πλανήτη μας κάθε παιδί έχει το δικό του Γαργαλόδεντρο!» λέει η Μήμπι.
Το Γαργαλόδεντρο γαργαλάει τον Μπάρνυ και τους φίλους του, που ξεκαρδίζονται στα γέλια ώρες ολόκληρες!

«Θέλεις να σου μάθουμε ένα από τα αγαπημένα μας παιχνίδια;» ρωτάει η Μπέιμπυ Μποπ.
«Χαρωπά τα δυο μου χέρια τα χτυπώ...»
«Είναι πολύ διασκεδαστικό!» λέει η Μήμπι γελώντας.

«Πρέπει να φύγουμε τώρα. Σ’ ευχαριστούμε που μας ξενάγησες στον πλανήτη σου, Μήμπι», λέει ο Μπάρνυ. «Να έρθεις να μας επισκεφθείς στη Γη», λέει ο Μπι Τζέι. «Να είστε σίγουροι ότι θα τα ξαναπούμε σύντομα!» απαντά η Μήμπι και τους χαιρετά.

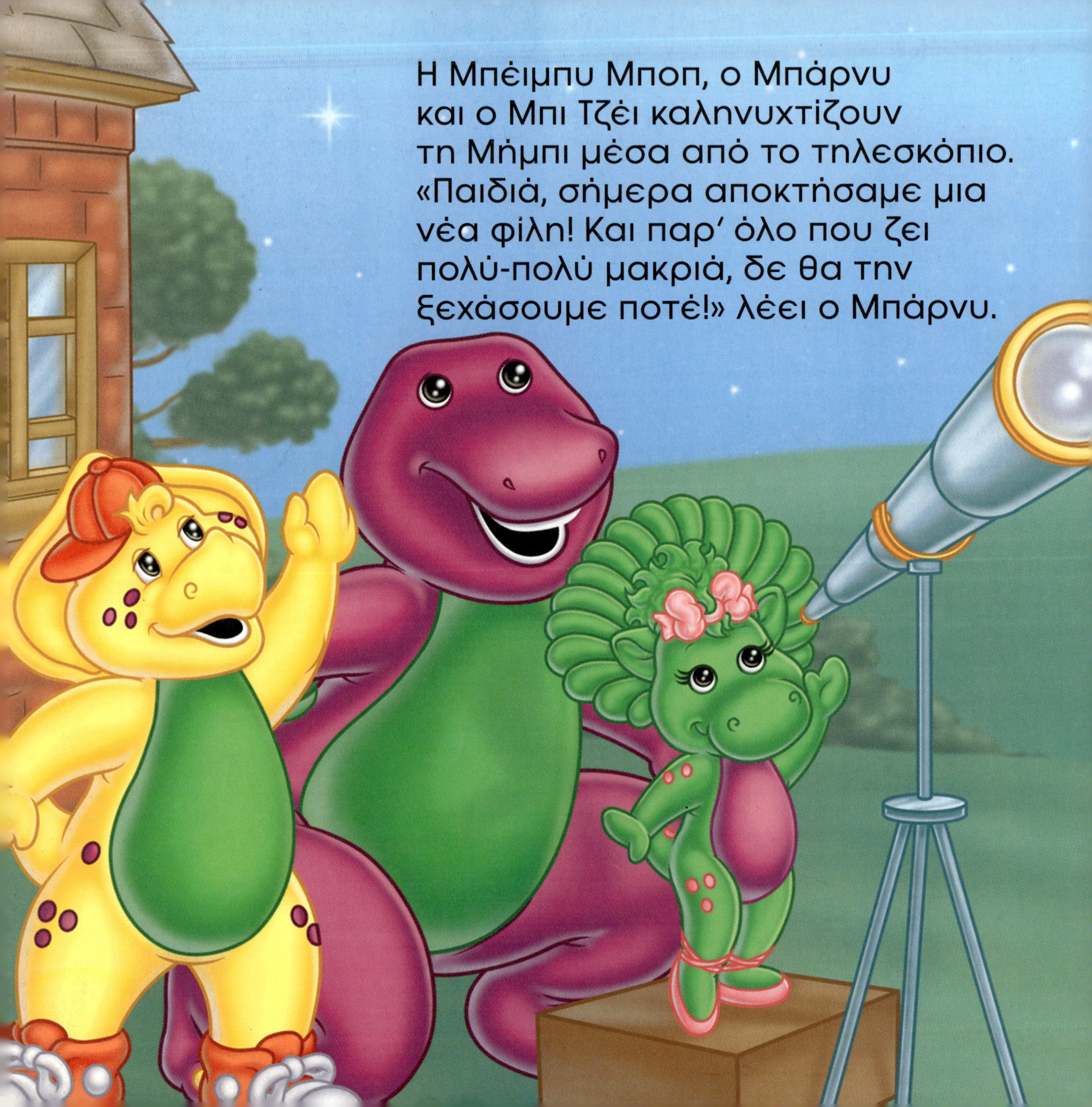

Η Μπέιμπυ Μποπ, ο Μπάρνυ
και ο Μπι Τζέι καληνυχτίζουν
τη Μήμπι μέσα από το τηλεσκόπιο.
«Παιδιά, σήμερα αποκτήσαμε μια
νέα φίλη! Και παρ' όλο που ζει
πολύ-πολύ μακριά, δε θα την
ξεχάσουμε ποτέ!» λέει ο Μπάρνυ.